Los animales crecen

Jill Malcolm

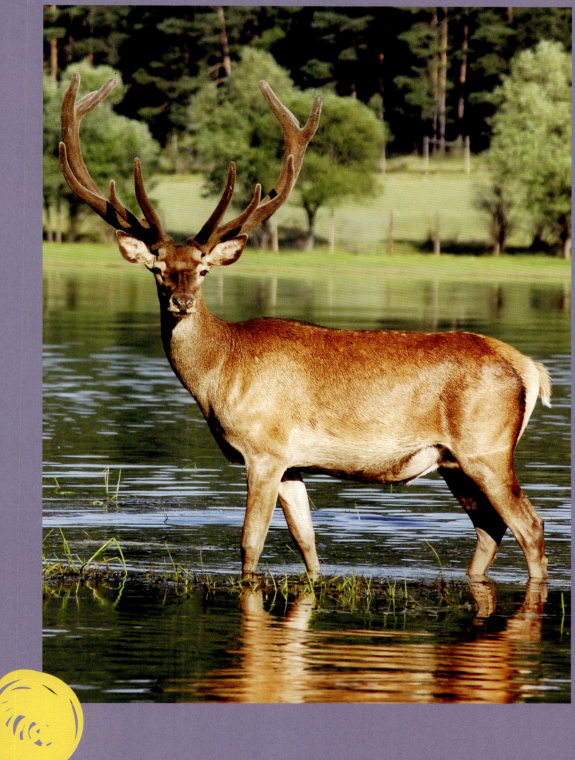

Notas para los adultos

Este libro sin palabras ofrece una valiosa experiencia de lectura compartida a los niños que aún no saben leer palabras o que están empezando a aprender a leer. Los niños pueden mirar las páginas para obtener información a partir de lo que ven y también pueden sugerir textos posibles para contar la historia.

Para ampliar esta experiencia de lectura, realice una o más de las siguientes actividades:

Diviértanse haciendo los sonidos de los animales. ¿Los animales bebés hacen sonidos diferentes de los adultos?

Al mirar las imágenes y contar la historia, introduzca elementos de vocabulario, como las siguientes palabras:

- cachorro, perro
- cervatillo, ciervo
- cordero, oveja
- cría, tiburón
- gatito, gato
- osezno, oso
- patito, pato
- potrillo, caballo
- renacuajo, rana
- ternero, vaca

En este libro hay muchos animales bebés y adultos. ¿Puede el niño decir el nombre de cada uno? ¿Qué diferencias hay entre los animales bebés y los adultos?

Después de mirar las imágenes, vuelvan al libro una y otra vez. Volver a leer es una excelente herramienta para desarrollar destrezas de lectoescritura.

Hablen sobre los parecidos y las diferencias entre los bebés humanos y los animales bebés.

Asesora
Cynthia Malo, M.A.Ed.

Créditos de publicación
Rachelle Cracchiolo, M.S.Ed., *Editora comercial*
Emily R. Smith, M.A.Ed., *Vicepresidenta superior de desarrollo de contenido*
Véronique Bos, *Vicepresidenta de desarrollo creativo*
Dona Herweck Rice, *Gerenta general de contenido*
Caroline Gasca, M.S.Ed., *Gerenta general de contenido*
Fabiola Sepulveda, *Directora de arte*

Créditos de imágenes: todas las imágenes cortesía de iStock y/o Shutterstock

Library of Congress Cataloging-in-Publication Data
Names: Malcolm, Jill, 1984- author.
Title: Los animales crecen / Jill Malcolm.
Other titles: Baby animals grow. Spanish
Description: Huntington Beach, CA : Teacher Created Materials, [2025] |
  Audience: Ages 3-9 | Summary: "Every animal starts as a baby, but then
  that baby grows! Look inside to see how animal babies change when they grow up"-- Provided by publisher.
Identifiers: LCCN 2024022399 (print) | LCCN 2024022400 (ebook) | ISBN
  9798765961940 (paperback) | ISBN 9798765966891 (ebook)
Subjects: LCSH: Animals--Infancy--Juvenile literature. | BISAC: JUVENILE
  NONFICTION / Animals / General | JUVENILE NONFICTION / Readers / Beginner
Classification: LCC QL763 .M262318 2025 (print) | LCC QL763 (ebook) | DDC 591.3/92--dc23/eng/20240627

Se prohíbe la reproducción y la distribución de este libro por cualquier medio sin autorización escrita de la editorial.

5482 Argosy Avenue
Huntington Beach, CA 92649
www.tcmpub.com
ISBN 979-8-7659-6194-0
© 2025 Teacher Created Materials, Inc.
Printed by: 926. Printed in: Malaysia. PO#: PO13820